다섯 방으로의 초대

고윤석 : 한양대 졸업. 동국대 법학박사. 첫 시집 『다섯 방으로의 초대』 발간(2020), 〈영주일보〉 신춘문예 당선(2019), 중앙시조 백일장장원(2017년 11월), 공무원문예대전 안전행정부장관상(2014), 인사혁신처장상(2015) 수상

다층현대시조시인선 004

다섯 방으로의 초대

발행일 2020년 2월 20일
지은이 고윤석
펴낸이 김동진
펴낸곳 도서출판 다층
등록번호 제27호
주소 (63211)제주특별자치도 제주시 오복5길 10, 1층
전화 (064)757-2265/FAX(064)725-2265
E-mail dc2121@empas.com

ISBN 978-89-5744-095-7 03810

값 10,000원

다층현대시조시인선 004

고윤석 시집

다섯 방으로의 초대

다층

* 페이지 시작과 끝부분에 〉표시는 연을 구분하는 표시입니다.

시인의 말

난 마냥 비가 좋다.
눈이 좋고, 안개가 좋다.
가장의 육중한 짐을 내려놓는 날
텅 빈 마음으로 마루에 앉아 그저 낙숫물을 바라보고
싶다.
함박눈이 펑펑 쏟아지면 언제나 아무런 걱정도 없이
가슴이 널뛰고,
짙은 안개 속을 포근한 이불인 양 파고든다.
그런데 언젠가부터 미세먼지란 불청객이 그 앞을
막아서고
걸음은 방향을 상실했다.
길 잃은 모퉁이에서 가만히 내미는 손을
더럭 잡는다.

고윤석

차례

5__시인의 말

제1부 안방(情)

11__하구, 섬진강
12__산길을 걷다, 문득
13__이어폰 전성시대
14__나의 하루
15__그믐달 에세이
16__활화산
17__푸른 저녁
18__고드름
19__메주콩 전설
20__천왕봉 고사목
21__밤 깊은 밤
22__정선 오일장에서
23__붓꽃 정원
24__정림사지 석탑
25__미륵동 할미새
26__간절 바닷가
27__하루 끝에서

제2부 문간방(出)

31__점
32__고무공 성자
33__문밖의 문
35__박제된 교실 풍경
36__지구촌 삽화 1
37__벚꽃, 은비늘 입다

38_호태왕릉비 앞에서
39_모감주나무 문법
40_가시버시 노을 바다
41_반딧불, 하늘 들다
42_환경미화

제3부 사랑방(會)

45_TV 속의 미로迷路
46_혼밥 골목지대
47_낙엽, 노숙하다
48_새벽, 4번 국도
49_손가락 모노드라마
50_반전의 손 떨림
51_노량진 바닷가재
52_백령도 물범이 사는 법
53_24시 편의점
54_사라져라, 균菌
55_보이스피싱
56_동료 보이스피싱
57_스크럼 짜는 아침
58_검은 계절
59_지구촌 삽화 4
60_지구촌 삽화 6
61_지구, 출렁이다
62_소녀상 삽화
63_어마, 눈 흘기다

제4부 바깥방(景)

67_봄
68_5월 답곡畓曲
69_녹음 왕조

70__명성산 가을 산행
71__단풍
72__가을이 간다
73__가을, 그 끝자락
74__춘추심서春秋心書
75__홍시
76__탑정리 물빛공원
77__겨울나무

제**5**부 다락방(雜)

81__악보 읽기
82__문자, 빛을 빗다
83__변비증 인수분해
84__졸음 미학
85__금연 별곡
86__그날, 하얼빈 역
87__벽을 밀다
88__동심원 길마중
89__숨비소리, 바다에 잠들다
90__뻥, 뻥이요!
91__북악제 컷인
92__말[言], 그 표정의 변증법
93__비, 그대는

해설

95__그는 큰 집集에 산다 | 변종태

제1부 안방(情)

하구, 섬진강

팔 벌려
얼싸안으며
민물 짠물
몸 섞는다.

초여름
민낯 햇살
비비대다
엎어지고

덩달아
꼬마물떼새
자갈밭에
알 세 개.

산길을 걷다, 문득

너는
내려가고

나는
올라가고

그렇게 바쁘게 서로
엇비껴서 어딜 가지?

커다란
수레 타고서
같은 방향
다른 발길.

이어폰 전성시대

한 쌍의 달팽이가
귓구멍을 차지했다.

밥반찬 고르듯이 소리를 편식한다.

귓바퀴
쌓인 별빛이
미끄러져
내린다.

나의 하루

길 따라
길을 내며
발걸음 모아 간다.
푸른 파도 넘실대는
오늘이란
모래톱에

빠끔히
복사꽃 흩날리는
또 하루를
엿보며.

그믐달 에세이

1.
산마루
걸터앉은
잘 익은 금 바나나
차가운 물 종지를 제집인 양 차지하고
맑은 눈 슴벅거린다,
두 귀 바짝 세운다.

2.
허기지는
시간마다
손 모으는 팔순 노모
어스름 막아서는 야윈 등뼈 활대 되고
주름살 고랑 사이로
스민 달빛 뿌리 깊다.

활화산

수만 년 곰 삭혀도
끄지 못한 불이 있다.
누르면 누를수록
일어서는 결기 같은
잉걸불 타는 가슴이
우렛소리로 터진다.

더운 피를 쏟아야만
가라앉는 오랜 화증火症
하마하마 기다리다
새까맣게 타버린 속
말 없는 하늘을 향해
총궐기하고 있다.

푸른 저녁

꽃잎 하나 입에 문 종종걸음 끄트머리
맥놀이 가쁜 호흡 꼬리 길게 늘어지고
서녘 집 검붉은 하늘 이부자리 펼친다.

제자리 멈춰 서서 안으로 돌리는 시선
도도한 원색 모두 흔적 없이 잦아들면
저마다 둥지를 틀고 알 하나씩 품는다.

적막의 가슴팍에 촉수를 촘촘히 묻고
싱싱한 어둠 깊이 실뿌리 내리는 시간
갓밝이 옹알이 소리 달빛 속을 헤친다.

고드름

돌을새김 초승달이 눈썹 아래 내려앉은 밤
얼어붙은 칠흑 어둠 처마 저편 밀쳐내며
고드름, 고추뿔 세워 바람살을 헤친다.

귓바퀴 에워싸는 먼 길 돌아 날아온 빛
떠도는 범종 소리 주절주절 풀어놓고
별무리 촘촘한 하늘 하나하나 짚어 간다.

마른기침 뱉고 있는 아버지 굽은 등 뒤로
투명 뼈 드러나게 제 살 다 깎아버린
물기둥 겨운 한때가 화석으로 굳어간다.

메주콩 전설

손마디 얽는 감촉
남달리 튼실한 것
알알이 골라내면 가슴부터 곰삭는다.
메주콩 여문 눈빛에 장독대가 신전神殿되고.

아들도 제대하지
따로난 큰딸네도….
한 됫박 더할 때마다 입꼬리 올라가고
항아리 넉넉한 품속서 대보름달 넘실댄다.

"쓸데없이 뭐 할라꼬 이렇게 많이 하노!"
막대기 부러지듯 외마디 내던지는 할배
그 시선 동살을 앞서
마을 어귀 서성댄다.

천왕봉 고사목

해 뜨고
해가 지는
가슴 벅찬 거대 서사
운해 뚫고 고개 쳐든
산봉우리 눈 맞추며
천왕봉 어깨선 따라
시립하여 버텨 선다.

험상궂은 먹구름이
아우성치며 오고, 가고
무너지는 가슴 한복판 자리 펴는 푸른 이끼
선 채로 목숨 지우며 긴 장막극 펼친다.

족제비, 딱따구리 너나없이 노니는 터
주저앉지 못하고 앙당그레 뒤틀어진
어머니, 마지막 호흡 마냥 느루 내쉰다.

밤 깊은 밤

온쉼표
두 팔 벌려
대지를 껴안는다.
고요가 거미처럼
어둠 타고 내려오고
깡마른
초침 소리가
군홧발로 다가선다.

별빛이
밤새도록
귓바퀴 층층 쌓이고
정겨운 목소리들
하나둘 깨어난다.
속 깊이
빠져들수록
머릿속이 환해진다.

정선 오일장에서

무더위 밀치고 앉은 장마당 한가운데
꺼칠한 무명옷 입고 판 벌인 아낙네들
얼씨구, 추임새에 이끌려
모진 내력 쏟아낸다.

걸쭉한 목소리 풀고 주름살 떠올려 놓고
이고 지고 돌고 도는 고부랑 민둥산 길
꾸욱 꾹 누른 응어리
장마당 패대기친다.

들꽃의 어깨춤 너머 흩어지는 바람 소리
막걸리 꽃 붉게 피어 손뼉 치는 난장 트고
대끼며 품어 온 굽이
보자기처럼 펼쳐진다.

붓꽃 정원

전봇대 허리춤에 실뿌리 촘촘히 묻고
깔때기 붓꽃 가족 바람에 기대선다.
허공을 딛고 올라선
저 가냘픈 맨드리.

낯선 거리 터를 잡고 너울대는 하루하루
웃음 띤 붉은 낯빛 온 사방 색칠하고
얼음장 적막을 삼킨
질긴 어둠 밀어낸다.

해 그늘 머리에 인 저녁놀 언저리쯤
에움길 돌아가도 꽃대 하나 치켜세워
소금쩍 이는 도시에
환한 정원 펼친다.

정림사지 석탑

시름도 채색되는 누천년 갈맷빛 아래
마칼바람 쉴 새 없이 풍경치는 북새통 속
은은한 백제 미소가
뭇별 되어 떠 있다.

선잠 깬 수탉 울음 시퍼렇게 멍들도록
스산한 먹구름 몰려 한 사직 휘덮던 그 날
스스로 재갈 물고서
돌이 됐다, 눈 꼭 감고.

발걸음 끊긴 마당 억센 풀꽃 지킨 자리
깊게 팬 상처마다 눈빛마냥 어둔해질 때
허공을 떠돌던 목소리
금박 은박 반짝인다.

미륵동 할미새

애벌 새벽 끌고 나선
할미새 느린 날갯짓.
폐지로 엮는 나날 햇살조차 등짐 되고
손수레 바퀴에 깔린 푸른 한때 말이 없다.

버려진 빈 박스도
박수받던 순간 있었지.
미륵동 층층 속내 귀 기울여 들어 보면
무한량 멈출 수 없는 발걸음이 아리다.

골다공증 지탱하는
깡마른 허벅지로
가풀막 숨찬 하루 한 걸음씩 끌고 갈 때
백발의 낮달도 함께 등허리를 밀어준다.

간절 바닷가

들뜬 차양 내려앉은 인기척 사라진 거기
출렁이는 파도 타고 소식 하나 전해 올까?
어둔 귀 바짝 세워서 해조음 엿듣는다.

참제비 모두 떠난 갈바람 웅성대는 하늘
엉성한 그물에 걸린 수초 같은 볕살 붙잡고
어머니 모래톱 박힌 발자국 찾아본다.

한 뼘씩 짚어 가는 판화 같은 기억 너머
잇몸 환히 다 드러낸 아이들 뜀박질 소리
수평선 가로질러 와 와글와글 들끓는다.

하루 끝에서

덜컹덜컹
수레 위에서
구두끈 풀린 하루
드넓은 낙조 품으로
가만가만 안기고
그림자 드리운 강물
목소리를 낮춘다.

오늘도
무릎 꿇고
바람 헤쳐 온 시간
지나온 자취마다
흙먼지 자욱하고
차갑게 식은 땀방울
주름 사이 반짝인다.

제2부 문간방(出)

점

— 내 마음

세모일까?
네모일까?
또렷하게
알 수 없지!

흙탕물
가라앉혀
눈감고
눈 맞추면

잔잔히
노을빛 물든
둥근 얼굴
보일걸.

고무공 성자

어라, 쪼그만 녀석 여간내기 아니었네
엉덩이 뻥 내질러도, 허리 작신 밟아도
도무지 쓰러지지 않네,
두 손 들 줄 모르네.

누르면 꼭 그만큼 이 악물고 튀어 올라
가슴속 숨긴 깃발 하늘 높이 흔들다가
다시금 지상에 내려
낮은 곳을 살피네.

마음조차 둥글어서 각진 세상 품은 걸까?
진자리 마른자리 아래로만 길을 찾는
속 텅 빈 고무공 성자,
걸음마저 탱탱하네.

문밖의 문

커다란 입 여닫으며
길을 열고 길을 막는
스크린 그 너머로 또 다른 문이 있다.
가려진
그늘 깊숙이
허기진 세상 한 편.

진저리,
진저리쳐도
거머리같이 달라붙는
비정규직 긴 꼬리표 끝끝내 목에 감고
열아홉 귀빠진 전날*
처연히 돌린 발길

더운 김
꼭 머금고
어깨 맞댄 포스트잇
가방 속 컵라면에 시장기 더욱 끓고
문틈을 비집는 외눈,
햇살 한 재 엿본다.

* 19살 비정규직 청년이 지하철 2호선 구의역 스크린 도어 수리 중 자신의 생일 전날(2016년 5월 28일) 사고로 숨졌다. 그의 가방에는 컵라면 하나가 유품인 양 남아 있었다.

박제된 교실 풍경

인터넷 신세계가 손끝에 끌려 나와
손바닥 위에 앉아 온갖 재주 다 부린다
그 속에 들어가려나
넋을 놓은 아이들.

타고난 저마다의 제각각 색깔들을
보듬을 틈도 없이 경주에 내몰리어
붓 씻은 물통 물처럼
잿빛으로 뒤섞인다.

현실을 떨어내듯 도리질 친다 해도
불안한 그림자는 더 가까이 다가서고
아닌 듯 속내 숨겨도
시선 둘 곳 아득하다.

오늘도 가야 할 길옆으로만 맴돌다가
친근하게 다가서는 달콤한 손짓 있어
말 없는 시간 저편에
슬쩍 놓는 의문 부호!

지구촌 삽화1

— 우간다 오누이

젖가슴도 말라버린 아프리카 강촌마을
말간 콧물 쏟아내는 여섯 살 큰누이가
가분수 동생을 업고 햇살을 움켜쥔다.

메마른 흙바람이 거미줄에 걸려 떨고
파리 떼 몰려드는 고름 핀 얼굴 한쪽
깊숙이 드리운 그늘이 말없이 핥고 있다.

고뿔 든 한여름의 자지러지는 기침 소리
초점 없는 눈빛 너머 시간마저 희미해지고
표정을 잃어버린 얼굴엔 허기증만 쌓인다.

물수제비 밟고 가듯 뒤뚱대는 하루하루
주렁주렁 여린 목에 까닭 모를 천형 매달고
꼬막손 휘저어 간다, 촛농으로 엮어 간다.

벚꽃, 은비늘 입다

1.
더운 김 가득 머금고
허리 숙인 잿빛 하늘
흐드러진 벚꽃 차양
가랑비 시샘하나?
톡, 톡, 톡, 노크 소리에
앞섶 먼저 여미고.

때 이른 손님인가?
웅성웅성 마음 바빠
질끈 두 눈 감고
허공으로 온몸 던져
수천만 나비가 된다
숨겨 둔 날개 편다.

2.
분칠한 꽃잎들이
수놓은 보도블록
웅크리다 짓무르다
빗물에 몰려다니는
명퇴한 멸치 떼 한껏
은빛 비늘 반짝인다.

호태왕릉비 앞에서

사자死者의 비문이라 그 누가 말하는가?
오늘도 형형한 눈빛 대륙 쪽에 걸어놓고
홰치는 소리꾼 모아 붉은 새벽 달군다.

황톳빛 거친 들판 소맷자락 휘저으며
지평선 아득하게 장막 펼친 뿌연 흙먼지
산울림 몰고 다니던 말발굽 소리 쟁쟁하다.

무심한 듯 훑고 가는 황사 바람 북새통에
못다 전한 말씀들이 비갈 속에 가득하고
누천년 새롭게 펼칠 장편 서사 되뇐다.

역사의 책갈피를 밝혀오는 아침 동살
깡마른 잡풀들이 그 앞에 시립할 때
광개토, 광개토 하며 고구려가 일어선다.

모감주나무 문법

부드러운 볕살의 혀
온몸을 핥아댄다.
간지럼, 간지러움에
흐늑거리는 가지마다
조숙한 어린 순들이 눈 화장을 하고 있다.

훅 달뜬 바람 앞에
벌 나비 날랜 날갯짓
연둣빛 산그늘로
한 시절 건너오고
세상사 궁금했던지 우듬지를 늘인다.

맘 바쁜 겨울 문턱
스스로 떼치는 훈장
벗은 몸 보듬으며
가부좌 틀고 앉으면
부처의 사리를 닮은 염주 알알 여문다.

가시버시 노을 바다

고개 쳐든 바다뱀이 독기 바짝 오른 듯이
먼먼 바다 갈기 세워 내달려온 거센 파도
엎어져 날숨 고른다, 두터운 여장旅裝 푼다.

시린 허공 때리면서 흘러넘친 그 물굽이
비비고 닦아내도 허물처럼 달라붙고
속 깊이 멍울진 앙금, 금 없는 물결이길

신음도 삼키다 보면 거품 되어 스러지고
눈빛 선한 별 하나가 말없이 발맞춰 온 길
두 사람, 손 꼭 맞잡고 노을 바다 마주한다.

반딧불, 하늘 들다

— '초인종 의인' 안치범*

시간을 접어놓고 지친 하루 매만지는 밤
옷고름 풀어헤친 숨소리 깊어갈 쯤
붉은 혀 날름대는 화마火魔
소리 없이 다가섰다.

시커먼 연기 속을 맨손으로 헤쳐 가며
목울대 뜨겁도록 문 두드리며 외쳤다.
전신을 뒤덮는 공포
한가운데 홀로 서서.

덜미 잡는 울부짖음 차마 그냥 못 떨치고
손 떠나는 의식 저편 끝까지 움켜쥔 꽃
밤하늘 수많은 별 속
반딧불 하나 날아든다.

* 안치범(28) 씨는 2016년 9월 9일 자신이 살던 원룸에 불이 나자 119에 신고를 한 뒤 21개의 방마다 초인종을 눌러 이웃들을 대피시키고 홀로 숨졌다.

환경미화

그 누가 씨를 뿌려 저리 곱게 길러냈나?
네모난 플라스틱 화분 속 히아신스
창가에 다소곳이 선 봄의 향기 곱구나.

환경미화 명분으로 난데없이 이끌려온
교실서 지내 온 지 어느덧 두세 달
무심한 아이들 속에 귀 먹먹한 소리들.

고귀한 삶 열어 준 보드란 흙덩이가
온몸을 조여 오는 갈증으로 굳어 가고
부러진 손마디마다 각질화된 절규여.

제3부 사랑방(會)

TV 속의 미로迷路

1.

누 떼의 이동인가, 뽀얀 먼지 저 행렬은
까닭 모를 탄알들이 등 뒤로 따라붙고
알알이 정적에 박힌
하얀 비명, 별빛 같다.

숨죽인 목소리가 거미줄에 걸려 떨고
만삭의 보트 위서 흔들리는 시선 다발
젖먹이 까만 눈동자
나아갈 길 묻고 있고.

2.

생명줄 잡으려고 버둥대는 손짓 발짓
둥그런 지구 저쪽 자막으로 타전하고
침샘을 자극하는 광고,
뱃살 퉁퉁 찌운다.

혼밥 골목지대

발걸음 늘어지고
그림자 드러눕는다.
조명보다 더 창백한 시장기 감춘 낯빛
일회용 플라스틱 컵에 뜨거운 물 붓는다.

늘 지나는 골목인데
왜 이리 낯선 걸까?
보든지 안 보든지 저 혼자 신바람 난
빌딩 벽 텔레비전만 거리 공연 한창이고.

목젖에 걸리는 게
밥알만은 아닌 거다.
골목골목 돌아 나온 빌딩풍 한 자락이
움츠린 작은 어깨를 토닥이듯 스쳐 간다.

낙엽, 노숙하다

반듯하게 가르마 탄
가을 햇살 말수 줄 때
슬며시 등 떠미는 가지 끝 매달린 잎새
들끓는 속내 감추고 시린 바닥 내려선다.

바람 너울 올라타고
도로 위를 나뒹군다.
몸 둘 곳 어디일까 내달리다 휘돌다가
낄끼리 부둥켜안은 농성장의 그들 같다.

무서리에 젖은 한뉘
어찌 비쩍 말랐을까?
주머니 두 손 찌르고 지나는 구둣발 소리
먼동이 밝아 오는데 반달 홀로 동동댄다.

새벽, 4번 국도

죽살이 갈림길인 듯 비장하게 내달리던
환각 같던 장면들이 조명 아래 잠든 시간
차선만 직진의 본능 밑줄 긋고 서 있다

잠시 잠깐 스쳐 가도 통성명 필요할까?
눈인사 한번 없이 동행하는 길동무들
떨어진 거리보다도 담벼락 더 올려 쌓고.

차 창문 꼭 닫아도 그물처럼 엮인 행렬
잔뿌리 내리고 싶은 아스팔트 포장 위로
희붐한 미명의 아침 또 하루를 열고 있다.

손가락 모노드라마

조명조차 졸고 있는 늦은 저녁 전동차 안
핸드폰에 꿰인 시선 나란히 줄 맞춰서
손놀림 경연을 하듯
스마트폰 주무른다.

회칠한 마네킹인가, 표정 모두 지운 채로
맞닿은 어깨 건너 전해지는 따스한 체온
시치미 뚝 잡아떼고
모스부호 재빠르게.

객석 없는 무대에서 열연 중인 모노드라마
가상공간 헤엄치며 시선마다 장막 칠 때
"이번에 도착하는 역은
대화, 대화역입니다"

반전의 손 떨림

움켜쥔 핸드폰 위로 얼굴 바짝 들이민다.
이어폰 팔랑귀 막고 뒤적이는 액정화면
깊숙이 파고들수록
빗장들이 채워진다.

뛰는 가슴 나눠 가진 따스한 눈빛들이
별똥별 떨어지듯 하나둘씩 스러지고
영롱한 차임벨 소리에
페이드아웃 되는 얼굴.

안으로 안으로만 뻗지르는 안테나 촉수
너나없이 깍지 꽉 낀 무선 교신 그 끝에서
짜릿한 반전의 손 떨림
월척처럼 오겠지!

노량진 바닷가재

수백 번 치받아도 수백 번 받아친다.
형체 없이 앞을 막는 수족관 투명 접점
경계석 표지도 없이 사지를 옭아맨다.

더듬이 치켜세워 읽고 읽는 유리 벽
형광등 빛에 갇힌 네모로 각진 날마다
집게발 둘러싼 밴드 날 선 야성 끊어낸다.

입안 거품 쌓일수록 비린내 풀풀 끓고
산소 방울 뿜어대는 먹먹한 기계음 속
흐릿한 시신경 너머 탈출구를 찾고 있다.

백령도 물범이 사는 법

정적 깨는 물보라가 햇살을 튕겨내면
눈망울 한 가운에 수평선이 밀려들고
물방울 점박이물범
하품 길게 쏟아낸다.

떠도는 성엣장에 어렵사리 몸을 풀고
촐랑대는 새끼와 함께 찾아온 따스한 남쪽
어깨띠 칭칭 두른 채
멸종위기, 천연기념물!

호기심 어린 눈길에도 시선 멀리 한가하다.
두무진* 바위 위서 바라보는 익숙은 그림
서로의 미간 겨눈 총,
한 줌 명줄 지켜주는.

* 옹진 백령도 북서쪽 약 4km의 해안선 따라 형성된 해안절벽과 코끼리바위, 장군바위, 신선대, 선태암, 형제바위 등 가지각색의 기이한 바위들이 솟아있는 곳으로 점박이물범의 서식지.

24시 편의점

잠 못 든 차량 경적 뒤척대는 도심 곳곳
해풍 부는 구석마다 불 밝힌 포구 있다.
비린내 날것 사람들 다리 끌며 들르는.

종종걸음 24시간이 빛보다 더 빠르다.
시린 하루 꾸려 가는 갈매기 떼로 모여
그림자 늘어진 거리 꼬륵꼬륵 맴돌고.

실핏줄 불거진 눈 집어등만 뒤좇는 건지
말없이 등 맞대고 시장기 때우는 저녁
구겨진 비닐봉지에 또 하루를 담는다.

사라져라, 균菌

숨소리 새근새근 꽃잎처럼 피어날 때
날개 비비는 듯한 쇳소리 낮게 깔리고
물뿜이, 뿌연 물안개 곱게, 곱게 쏟아낸다.

눈매 선한 목소리가 환하게 녹아들어
투명한 액체 방울 첨가한다, 별빛 섞듯
부푸는 그 분량만큼 숨통 점점 조여들고.

꺼져가는 옹알이 속 고개 돌린 시곗바늘
퉁퉁 부은 젖을 짜며 동아줄이라 움켜쥔
살균제, 가면을 쓰고 여린 호흡 좀 먹는다.

보이스피싱

새빨간 가면 쓰고

그럴싸한 연극 한 편

가당찮이 발목 걸어 중심 마구 흩트리고

새하얀 속살 훑어보며 잽싼 입질 다그친다.

기름칠 한 혀끝에서 넋 잃고 비틀대다

덜커덩 미끼 물고 낚싯바늘에 입 꿰인 채

선지피 뚝뚝 쏟으며 질질, 질질 끌려간다.

영혼을 팔아먹은 소리 죽인 웃음 너머

동동대는 심장 고동 일순간 얼어붙고

제자리 주저앉은 하늘

가지 끝 앙버틴다.

동료 보이스피싱

심장 고동 멈춰버린
벽시계에 갇힌 나날
틀에 박힌 표정들이 엇각으로 지나가고
가슴속 소소리바람 갈대숲 휘젓는다.

무딘 펜 각을 세워
분칠하는 창백한 낮빛
자소서 고쳐 가며 질긴 어둠 밀어낼 때
가면 쓴 목소리에 낚인 아침 햇살 버둥댄다.

가슴앓이 나눈 속내
그 안에서 길을 찾나

아픔이 깊어지면
붉은 심장 검게 타나?

맨 속살 파고든 미늘 머리를 곧추든다.

스크럼 짜는 아침

뿌연 미명 밀쳐내며
성근 머리 감는 아침
어제도 또 오늘도 매양 같은 실루엣으로
다시금 돌아와야 할 출렁다리 넘는다.

제멋대로 흔들리는 전철 손잡이 움켜잡고
한 뼘 반 바닥 디디는 위로만 열린 공간
한 마디 통성명 없이
몸 맞대고 스크럼 짠다.

멈췄다 갈 때마다 출렁대는 너울 되고
동굴 속 햇살들 듯 자동문 입 벌리면
후다닥 구둣발 소리
홍수처럼 쏟아진다.

검은 계절

가스 배관 타고 내려
슈퍼마켓 찾은 소녀*
거죽뿐인 앙가슴 가득 과자 봉지 끌어안고
훔친 죄 두려움 없이 주린 배를 채운다.

생채기 깊을수록
드러나는 유전자인가?
기억 어디 남았을까 36.5도 따스한 체온
배냇니 뽑아낸 자리 잡초 그리 무성하다.

고개 돌린 시간 속으로 무가내 다가선 계절
놀란 입 다물지 못하고 바람도 뒷걸음칠 때
저절로 손드는 사람들
가슴마다 꽃이 핀다.

* 2015년 11살 소녀가 친부와 동거녀에게 감금, 학대를 당하다 맨발로 가스 배관을 타고 도망쳐 나왔다. 소녀는 당시 3, 4세의 체중과 신체로 온몸에 상처가 있었고 늑골이 부러져 있었다.

지구촌 삽화 4
— 흙 먹는 우간다 모자母子

1.
비스듬히 허리 숙여 턱 넘는 문 그림자
벽 한쪽 뒹굴고 있는 빈 밥그릇 더듬고
느릿한 해거름 따라 밀려드는 허기증.

부기 오른 배를 쓸며 흙 빚는 6살 아들
어머니, 손사래 치다 차마 고개 떨군다.
탯줄 속 길들여진 흙 맛 그 누구를 탓할까?

2.
삼일 밤낮 품 팔아 겨우 얻은 카사바* 한 줌
어깨에 둘러멘 아비 걸음보다 맘 바쁘고
숨 벅찬 달빛 헤치며 바람 질러 내달린다.

* 대극과의 낙엽 관목. 덩이뿌리는 알코올 원료 또는 요리에 쓰이고 우간다 서민들의 주식이다.

지구촌 삽화 6

— 11 · 13 파리 테러

늘씬한 고층 빌딩 깨금발로 키 다투는
눈빛 한번 스친 적 없는 심연 속 인간 바다
산목숨 미끼로 삼아 피 낚시 드리운다.

자기만의 프리즘으로 높다랗게 쳐든 깃발
그 문양 서로 달라 부라린 눈 주체 못 해
정성껏 하늘 받든다며 그 뜻을 치받는다.

다 못 핀 꽃봉오리 보얀 속내 없을까?
뒤뚱 걸음 충동질해 제비 뽑아 등 떠밀고
두 손에 흥건한 선혈 누굴 위한 제물인가?

지구, 출렁이다

뜨거운 백사장
나른한 오후 펼친 자리
어깨짐 부려 놓고 파도 소리 귀 기울일 때
갈매기, 비명에 놀라 날갯짓 숨 가쁘다.

순교자 표정 짓고
의식儀式인 양 회칠하고
무가내 굶주린 트럭 니스 해변 휘젓는다.*
앞뒤를 가리지 않고 내닫는 곳 어디인가?

얼굴 한 번 본 적 없이
가슴 가득 타는 잉걸불
어금니 깨물면서 무슨 그림 그리고 있나?
말소리 다른 듯해도 웃음소린 다 같은데….

* 2016년 7월 14일 프랑스 대혁명 기념일 불꽃축제에 맞춰 테러범이 흰색 트럭을 몰고 니스 해변 산책로를 돌진, 시민과 관광객 84명이 사망하고 300여 명 이상이 다쳤다.

소녀상 삽화

강추위 오기도 전
한기를 느꼈을까?
새빨간 털목도리
목에 감은 단발 소녀
붙박인
시선을 피해
바람마저 비껴간다.

욱죄는 개흙에 빠져
허우적댄 망각의 시간
방향도 모르는 채
그렁그렁 입술 깨물고
숨겨진
뒤안길 갇혀
그림자가 되었다.

생채기 딱지마다
저승꽃 덕지덕지
짓무른 눈가에서
별무리 흘러내리고
발아래
놓인 참나리 꽃
옷깃을 여민다.

어마[*], 눈 흘기다

무더위에 뒤척대는 8월 말 카리브 해
열대성 저기압이 산고도 없이 몸을 풀고
첫울음 내지른 여신 눈초리 치켜뜬다.

구정물에 주둥이 박고 게검스런 돼지처럼 네 바퀴 올라탄 허기 앞만 보고 내달리고 잿빛 하늘 헛구역질 물, 흙 모두 구토증이라, 5등급 몸피 키워 둥우리 싹 쓸어버린다. 얼키설키 핏줄 같은 전깃줄도 끊어내고 그래도 못 삭인 불꽃, 들숨 날숨 엿보는데….

어지러운 틈새 노려 광기 더욱 오르다가
잔해 밟고 일어서서 서로서로 맞잡는 손길
아침놀 별일 없는 듯 맑은 얼굴 내밀고.

* 2017년 8월 30일경 카리브 해에서 발생한 허리케인. 독일 여자아이의 이름을 딴 것으로 카리브 해 지역의 섬과 해변을 초토화시키고 마이애미와 플로리다에 수백만 명의 이재민을 발생시켰다.

제4부 바깥방(景)

봄

쿵! 놀라

발치 보니

연초록 까까머리

두텁게 각질 덮인

뒤꿈치 치받는다.

직진만 프로그램된

돌격대

깃발 들고

5월 답곡畓曲

저토록
목청 돋워
부르는 노래 뭘까?
논바닥 납작 엎드린
개구리 총결사대
한 치도
물러서지 않고
질긴 어둠 물어뜯는다.

개골개골 진군 소리
파고波高 더욱 높아 가고
휘둥그레 잠 못 들어
곡을 세던 뭇별 무리
손들어
항복하듯이
별빛 마구 쏟아내고.

녹음 왕조

은밀하게 등 뒤 바짝
그림자처럼 다가서서
손님인지 주인인지
슬몃슬몃 등 떠밀다
끝내는
파장 선언하고
꽃 잔칫상
뒤엎는다.

식음을 전폐하고
진격 나팔 부는 풀벌레
호흡 있는 가지마다
속속 깃발 내걸리고

온 산야
휘둥그레지게
초록 핏물
퍼붓는다.

명성산 가을 산행

어허, 어허 불붙었다
산도, 들도 내 가슴도
배낭 하나 달랑 메고
신발 끈 고쳐 맨다.
저만큼 시름 떼어 놓고
단풍 대궐 들어선다.

새소리 물소리에
계곡 점점 깊어지고
처진 어깨 토닥이며
엄지 쳐드는 산바람과
헤프게 웃음 흩날리는
머리 푼 억새꽃과.

고개 들어 올려 보면
홀릴 듯 쪽빛 하늘
발아래 밀려드는
오색 물결 파도, 파도
소금기 전 얼굴에도
물이 든다, 단풍물이.

단풍

가을빛
분단장한
가지가지
둥근 얼굴

한 생애
종종댄 걸음
갈무리
앞에 두고

배시시
미소 짓는다
귓불 시린
찬바람 속

가을이 간다

낙엽들이
퍼덕퍼덕
길 위에서
몸부림친다.

끝없이
불타오르던
한여름
푸르던 영화

하나도
남김없이 다
각혈하듯
뿜어내며.

가을, 그 끝자락

길채비 수런수런 노을 통째 삼킨 낙엽

달뜬 몸 그러안고 긴긴날 두 손 모아

가지 끝 허공 질러서 말줄임표 남긴다

갈 길 바쁜 소슬바람 간단없이 종을 치고

지난 얘기 나누면서 깊어 가는 어둠 익어

적막의 숨소리 세는 잠 못 드는 날들이다

시린 땅 엎드려서 어깻짓 나누는 시간

담장 아래 이웃 모두 손깍지 꼭꼭 끼고

다시금 맞이할 손님,

밑그림을 그린다

춘추심서春秋心書

1\.

아지랑이 막춤에 홀려
기지개 켜는 여신
천연색 물감 풀어 들녘 온통 색칠하고
한겨울 참아 온 속내
쏟아낸다
모두다.

2\.

길가 가득
별 떨어졌다
해도 달도 한꺼번에
무슨 일 있었을까? 지난밤 어둠 속에서
구도자 가부좌 틀고
가만히 눈 감는다.

홍시

1.

어쩌다 온몸 그리 빨갛게 물들었니?
태양의 치맛자락 먼빛으로 훔쳐보던
그 여름 부끄러움이 저녁놀로 스몄니?

어쩌다 속살 그리 말랑하게 농익었니?
희맑은 바람에다 달빛 젖은 이슬까지
가을밤 풀벌레 소리에 애간장 다 녹은 거니?

2.

빈 하늘 한가운데 오도카니 올라앉아
볼살 홀쭉 야위도록 무엇을 기다리니?
뎅그런 눈동자 깊이 뭇별 총총 박히고.

탑정리 물빛공원

땅거미가 솔개처럼 소리 없이 다가서면
팽팽한 하루를 접고 쉼표 찍는 사람들
하나둘 공원을 찾아
옷고름 길 밟는다.

서로를 배경으로 짝지어 걷는 행렬
물에 비친 나무 사이 무채색 풍경이 되고
나 또한 그 속에 들까
발걸음을 재우친다.

머리카락 훑고 가는 실바람 간지럽고
불 꺼진 하늘 가득 별이 총총 빛난다.
뭐 하나 덧댈 것 없는
걸음걸음 꽃길이다.

겨울나무

다리 밑동 따스하게
낮빛 고운 낙엽 덮고
잴 수 없는 큰 걸음에
말 아끼며 몸 낮춘다.
차마도 못 떨군 풍상
찬바람에 씻으며.

넘칠 듯 흐드러지게
출렁이던 녹색 물결
타는 태양 몰아낼 듯
풀벌레 그 아우성
머나먼 기억 속에서
똬리를 틀고 앉고.

나이테를 그으며
옹이 하나 맺는다.
미동조차 조마조마
눈 덮인 세밑 아침
눈 못 뜬 솜털 뽀얀 움
꼬물꼬물 젖을 빤다.

제5부 다락방(雜)

악보 읽기

1. 4분 음표(♩)
허겁지겁 가다 보면 넘어지기 십상이다.
오늘 다시 선물 받은 24시간 부둥켜안고
여행 다 마칠 때까지
한 발 한 발 딛는 거다.

2. 도돌이표(:‖)
부글부글 끓어오르면 단풍 물 배어나나?
그래야지, 저래야지 수없이 다짐해도
헤살꾼 바람 한 자락에
다시금 또 흙탕물.

3. 온쉼표(𝄻)
검붉은 서쪽 하늘 초리 길게 장막 친다.
종종대던 걸음 멈추고 이부자리 펴는 시간
온 건반 하얗게 칠해
새 도화지 들인다.

문자, 빛을 빗다

강물 허리 끌어안는
바람 같은 시간 쌓여
파리한 힘줄 세워 부화하는 숱한 기호.

인간사 모든 비밀이
묵언으로 풀려난다.

지면紙面 위 올라서서 몸맵시 다듬는다.
ABC, 가나다라 한 우주 활짝 열리고

대자연 펴즐 조각들
빛을 환히 밝힌다.

변비증 인수분해

날렵한 혀 우직 이빨 절묘한 합동작업
부수고 짓이긴다 타액으로 개어가며
한 몸이 되기 위한 그,
감미로운 신고식.

피 되고 살이 되고
그래도 남은 것들
안면 바꿔 내보내는 여정의 마지막에
한구석 차지하고는 같이 살자 매달린다.

배신당한 심정일까?
구애할 땐 언제냐고?
움켜잡기 쉬웠어도 놓는 건 맘 같지 않고
욕심껏 찌운 비곗살 진땀 뻘뻘 쏟는다.

졸음 미학

쇠똥 위 새까맣게
달려드는 파리 군단
두 팔 마구 휘저으며
쫓고 또 쫓아내도
한 발도 물러서지 않는
인해전술 돌격대.

세상 짐 다 모으면
이보다 무거울까?
가녀린 눈꺼풀이
저절로 내려오고
허공서 시소 타는 고갯짓
봄볕 한 잎 물고 있다.

금연 별곡

오랜 지기 떠나보낸다.
넌 너대로, 난 나대로
깍지 꽉 끼었던 손 슬그머니 놓으면서
한 가닥 미련도 없이 제 갈 길 가자 한다.

늘 우린 함께였다.
한시도 못 떨어질 듯
수백도 불덩이로 화인 찍듯 맺은 언약
숱한 날 울고 웃으면서 불면의 밤 지새웠다.

어떠한 헤어짐도
말처럼 쉽진 않다.
속 트고 지냈던 우린 더할 나위 없는 거고
하지만 길이 다른데, 회자정리 정말일까?

그날, 하얼빈 역

불화살 내뿜는 눈빛,
큰북 치는 심장 고동
새벽하늘 움켜쥐고 호흡을 가다듬는다.
총부리 앞세운 심장, 그 한복판 겨누며.

탕, 탕, 탕
획 긋는다.
지축 순간 움찔 떨고
일시에 비상하는 수천만 비둘기 떼
내뿜는 선혈 한가운데 만국기가 펄럭인다.

단말마 비명처럼 호각 소리 들끓고
입 다문 얼굴 위로 쏟아지는 무수한 별빛
단지斷指한 손바닥 안에
붉은 동살 떠오른다.

벽을 밀다

#1
가로세로 빈틈없이
선 긋는 너, 나, 우리
선 따라 콘크리트 빙 둘러 벽을 쌓고
고치 속 누에가 된다, 시력 모두 퇴화한.

#2
교도소 담장보다
더 견고한 마음의 벽
밀치면 밀칠수록 내가 되레 밀려난다.
확 당겨 끌어안으면 문빗장이 열릴까?

#3
감싸고 감싸이는
뫼비우스 고리처럼
바깥은 안에 감싸인 또 하나의 안쪽이다.
속없는 투명 바람만 경계선을 넘나든다.

동심원 길마중

1.
아스팔트 포장 곳곳 널브러진 하얀 상흔
제집인 양 큰 대자로 벌러덩 드러누웠다.
옷소매 걷어 올린 함성
깃대 높이 세운 날.

엇각의 시선 따위 구둣발로 짓뭉개고
황산벌 계백 화신 날 세우는 형국이다.
홍백탈* 비뚜름히 쓰고
북채 마구 흔들며.

2.
목 잡고 목 잡히는 도로 위 또 다른 세상
입 냄새 맑게 씻고 둥근 낯빛 가득 담아
어떨까, 두 손 맞잡고
그려 보는 동심원은!

* 통영오광대에서 아버지가 홍 씨와 백 씨 둘이라서 얼굴의 반은 빨간색이고 반은 하얀색인 탈.

숨비소리, 바다에 잠들다

이승 저승 손잡고 있는 장대 끝 삶의 터전
어제는 장판 바다, 오늘은 날 선 협곡
짜디짠 바닷속 물질 싱거울 수 있겠나?

익숙한 체념에도 빈 망사리 허전하고
포세이돈 심술인가? 눈앞의 욕심이었나?
가쁘던 숨비소리 하나, 바닷물에 묻혔다.

아무 일 없었다는 듯 일렁대는 파도 타며
제자리 빙빙 도는 주인 잃은 테왁 안에
마지막 움켜잡았던 미역 줄기 몇 가닥.

뻥, 뻥이요!

장마당 구석진 곳
중년 사내 작은 산성
코 성성한 그물 펼쳐 5일 건너 진을 치고
재바른 손놀림으로 겨운 생애 튀긴다.

커다랗게 부푸는 게
강냉이 몸피뿐일까?
거품이 거품 일으키듯 무시로 이는 풍랑
불길 속 다 쏟아 넣고 빙빙 돌려 달군다.

가장이란 이름표 달고 한 자락 움킨 하늘
망태기 틈 사이로 뜨거운 김 솟을 때마다
뻥이요! 고함지르며
뭉게구름 띄운다.

북악제[*] 컷인

무슨 그림 그리려나? 하나하나 조각한 몸짓
정지한 듯 느릿하다 번개마저 붙잡을 듯
춤추는 남학생 한 무리 회오리바람 몰고 온다.

나긋한 봄 햇살 좇아 고개 든 연둣빛 새순
사각의 교실에서 뜬금없이 샅바 잡혀
왁다글 소리굽쇠가 석쇠무늬 새기는 때

톱니처럼 맞물리는 달뜬 표정 사위마다
망치질하는 맥동 소리 목청껏 외쳐댄다.
여기에 우리가 있소! 펄펄 끓는 붉은 피가.

* 서울 시내 모 남자 고등학교 가을 축제

말[言], 그 표정의 변증법

1. 정(正)

가만히 어깨 감싸며 라일락향 실어 오는
봄빛 고운 환한 입김, 귓가의 꽃가루다.
느낌씨 꾹 눌러 엮는
소리에서 빛이 난다.

2. 반(反)

날 선 혀끝 스친 소리
고추뿔같이 날카롭다.
마주 선 순간순간 가슴 한쪽 무너지고
토해낸 오물 그만큼 사그라지는 얼굴색.

3. 합(合)

먼 길 온 회리바람 거친 호흡 다듬는다.
상처투성이 말마디가 샛노랗게 단풍들고
깍지 낀 환한 웃음이
빈 들 가득 퍼진다.

비, 그대는

모든 산 것들의 두 팔 벌린 환호성이다.
무수히 떨어지는 물방울 알갱이마다
동시에, 깨어 일어서는 그만큼의 목숨들.

살며시 스며드는 나직한 속삭임이다.
맨가슴 서로 맞대고 체온 나누며 듣는
모두의 목소리 담은 지상 만물 합주곡.

붉은 심장 뛰게 하는 아련한 울림이다.
바람에 쫓겨 다니는 헐렁한 일상 속에
희미한 발자국 찾아 옛 얼굴을 떠올리는.

신명 난 방울방울 덩실덩실 춤사위다.
부드럽게 혹은 세게 얼기설기 장단 맞춘
흥들이, 스크럼 짜고 통통 튀어 오르는.

가진 것 놔라, 놔라 채근하는 간지럼이다.
혹여 손금 잃을까 봐 꽉 움켜쥔 손아귀에
무엇을 잡을 수 있나 눈 흘기며 흐르는.

엎드려야 들을 수 있는 우리네 이야기다.
고개 높이 쳐들수록 모가지만 뻣뻣하고

더 낮게 시선 깔아야 보이는 일상사.

온몸을 내던지는 농염한 사랑이다.
아무런 주저 없이 왈카닥 안기어서
마음껏 부둥켜안고 엉클어지는 한마당.

허리춤에 인정 감춘 두 얼굴의 폭력배이다.
끝장을 보려는 듯 퍼붓고 두들기다
목 빼고 기다린 것들 호흡에 심지 켜는.

스스럼없이 몸 낮추는 한없는 겸손이다.
빈 마음 부끄러워 끊임없이 내려서며
꿈꾸는, 집채만 한 고래 펄떡이는 바다를.

앞뒤 안 가리는 불나방 여인네다.
속마음 그대로 거추장스런 꾸밈없이
젖은 비 속옷을 벗고, 세포마다 피가 돌고.

격정의 장면들이 무심하게 멈춰 선다.
고양된 목소리가 나비처럼 내려앉는다.
빗방울, 아무렇게나 바람을 타고 난다.

| 해설 |

그는 큰 집集에 산다

변종태(시인)

계십니까아~!

그의 집 솟을대문 앞에서 서성인다. 집주인은 부재중이신지, 안에서는 기척이 없다. 이리저리 안쪽을 기웃거려본다. 역시 정갈하게 쓸어놓은 마당은 비어 있고, 빈 바람만 마당을 만지고 간다. 어쩔 수 없이 소리 높여 안쪽을 향해 불러 본다. 계십니까아~! 아직도 기척이 없다. 어쩔 수 없이 대문을 슬쩍 밀어본다. 안에서 문이 걸려 있지 않다. 삐걱 소리를 내며 살짝 문이 열린다. 내친김에 문을 열고 안으로 들어선다.

시詩의 집集으로 들어가는 대문 앞에서 망설이던 발걸음은 울담 안쪽의 화단으로 간다. 아직은 봄을 더 기다려야 하는 시간, 초본류들은 잎이 시들어 밑동만 남아 있어 무슨 꽃이었는지 알 길이 없다. 몇 그루의 관목과 교목이 심겨 있는 정갈한 화단에 싹이 돋고 꽃이 피면 참으로 아름다울 것이라 상상해 본다.

마당 복판에 서서 사방을 둘러본다. 자연스레 자란 가지들을 잘 다스려 놓은 질서를 읽을 수 있다. 자유시 시집에 들었을 때와는 다른 정갈함이 시선을 끈다. 멋대로 자라 어지러운 느낌을 줄 수 있는 나무들마저, 지난가을 떨군 나뭇잎마저 깨끗하게 쓸려 있다. 이 집의 주인은 아마도 상당히 깔끔한 성격이겠다 싶은 느낌이 든다. 시조의 집이라서 그런가 보다고 생각한다. 다섯 개의 돌계단이 놓인 마당을 가로질러 안채 쪽으로 간다.

우리의 전통 문학인 시조의 특성이 그러하지만, 이 집의 주인 역시 그런 성정性情이 지닌 것으로 보인다. 군더더기 없는 깔끔함, 그러면서도 촌스럽지 않은 단아함에 세련미까지 더한 느낌이다.

안방(情)부터 열린다

안방은 '집에 달린 방 중에서 중심이 되거나 어른이 거처하는 곳'이다. 안방은 안채의 중심으로 가장 폐쇄적인 거주공간인데 주택의 제일 안쪽에 위치한다. 따라서, 아무나 출입하는 것을 허락하지 않는 공간이다. 한편으로는 안주인의 대부분이 생활이 이루어지는 공간으로 집안일 중 안살림을 모두 관리하는 생활의 중추가 되는 공간이기도 하다.

실례를 무릅쓰고 방으로 들어선다. 한눈에도 방안은 가지런히 정리되어 있다. 방 주인의 성격을 알 수 있겠다. 방문을 열면 정면에 정情이라는 한 글자가 크막한 족자에 걸려 있다. 아마도 방의 주인은 이 한 글자에

커다란 의미를 부여하고 있나 보다. 당연히 그러하겠지만, 안방은 집안의 모든 분위기를 좌우하는 공간으로, 집주인은 정이 넘쳐흐르는 분위기를 만들기 위해 노력한다는 느낌이 든다.

그의 안방에는 없는 게 없다. 아니 없는 것 빼고는 다 있다. 푸른 파도가 넘실거리기도 하고, 푸른 강물이 흐르거나 산등성이에 달이 뜨고 지기도 하고, 꽃이 피고 지기도 하고, 새가 날아와 울고 가기도 한다. 온갖 사물들이 주인 없이도 저들끼리 잠들기도 하고 깨기도 하며, 피기도 하고 지기도 한다. 시인은 그것들을 안방의 벽에 온갖 그림으로 걸어놓고 있다. 말로 그린 그림을 대하면 내가 그림에게 말하는 게 아니라, 그림이 나에게 말을 건다,

'팔 벌려/얼싸안으며/민물 짠물/몸 섞는'(「하구, 섬진강」) 섬진강의 푸른 물이 흐르기도 하고, '너는/내려가고//나는/올라가'(「산길을 걷다, 문득」)는 엇나간 길이 나 있기도 하고, '귓바퀴/쌓인 별빛이/미끄러져/내'(「이어폰 전성시대」)라는 이어폰이 저 혼자 음악을 들려주기도 한다. 주인은 '모래톱에//빠끔히/복사꽃 흩날리는/또 하루를/엿보며'(「나의 하루」) 새로운 하루를 지내고 있을 것이다.

돋을새김 초승달이 눈썹 아래 내려앉은 밤

얼어붙은 칠흑 어둠 처마 저편 밀쳐내며

고드름, 고추뿔 세워 바람살을 헤친다.

귓바퀴 에워싸는 먼 길 돌아 날아온 빛

떠도는 범종 소리 주절주절 풀어놓고

별무리 촘촘한 하늘 하나하나 짚어 간다.

마른기침 뱉고 있는 아버지 굽은 등 뒤로

투명 뼈 드러나게 제 살 다 깎아버린

물기둥 겨운 한때가 화석으로 굳어간다.
—「고드름」 전문

하지만 아직 겨울이 깊다. 그래도 처마의 고드름이 길어질수록 봄은 더 가까워지는 법. 지난밤부터 달빛과 별빛과 아버지의 밭은기침 소리와 산사의 범종 소리가 고드름에 스며 길어진다. 시인의 눈에 비치는 모든 것들은 이렇게 하나씩의 그림이 된다. 그래서 하나씩 안방의 벽에 걸린다. 시인의 시조를 읽고 있으면 한편으로는 전시회장에 들른 느낌이 들기도 한다. 주인 없는 안방 회랑을 돌다 보면 시인이 그려놓은 그림이 말은 건넨다.

'산마루/걸터앉은/잘 익은 금 바나나/차가운 물 종지를 제집인 양 차지하고/맑은 눈 슴벅거'(「그믐달 에세이」)리기도 하고, '새까맣게 타버린 속/말 없는 하늘을 향해/충궐기하'(「활화산」)는 활화산이 터지기도 하고, '꽃잎 하나 입에 문 종종걸음 끄트머리/맥놀이 가쁜 호흡 꼬리 길게 늘어지고/서녘 집 검붉은 하늘 이부자리 펼'(「푸른 저녁」)치는 저녁 풍경이 드리워 있기도 하다. 이 말 없는 풍경들과 침묵의 대화를 나누는 시간이 길어진다.

안방에서의 조용하고 긴 대화를 마치고 밖으로 나선다. 밤인지 아침인지 알 수 없는 시간이 마당에 출렁거린다. 시간은 생물과 같아서 스스로 태어나고 자라고 죽는다. 객관적인 시간이 지금 어느 만큼 흘렀는지는 알 수가 없지만, 주관적 시간은 짧은 듯하기도 하고, 엄청 오랜 시간이 흐른 듯하기도 하다. 이제는 다른 방으로 건너갈 시간이 되었나 보다.

문간방(凷)에 들어

문간방은 '대문간 바로 곁에 있는 방'이다. 대문을 들어설 때 시선에 들지 않았기에 놓치고 온 방이다. 일반적으로 고택의 경우, 솟을대문의 한쪽 또는 양쪽에는 문간채가 있는데 이곳은 나그네가 머물거나 청지기를 포함한 하인이 거처하는 곳이었다. 그 영향으로 아파트 생활이 보편적인 오늘날도 현관문 입구에 있는 방은 자녀들이 주로 사용하고, 안쪽으로 깊숙이 들어간 방은 부모들이 사용한다.

문간방 살이는 불안하다. 창 하나만 열면 한길이기 때문이다. 골목을 왕래하는 사람들 발걸음 소리에 일찍 잠들 수 없고, 아침에는 자동차 소리에 잠을 설친다. 그러다가 배달하는 이가 빠끔히 대문 틈으로 신문을 밀어 넣는 소리에 아침잠이 깨이고 만다. 바람에 삐걱

대는 대문의 소음이 편안한 휴식을 방해하기도 하고, 창턱 밑에서 오가는 사람의 기척이나 아낙들이 수군거리는 소리가 들리기도 한다. 하지만 그 소리는 선명하지 않다.

문간방 역시 비어 있다. 간밤에는 누가 이 방에서 차운 겨울의 서릿발을 피해 머물다 갔을까. 이 방에 들어서는 순간 나는 세상의 한 점이 되었다고 느낀다. 누구나 세상은 혼자일 수밖에 없는 것이지만, 자신이 혼자라는 것을 확인하는 순간 거울 앞에 선 것처럼 자신의 존재를 있는 그대로 직면하게 된다. 이럴 때 자신의 내면으로 스며 내적 자아(즉자, en-soi)의 목소리에 귀를 기울이게 된다.

'세모일까?/네모일까?/또렷하게/알 수 없지!//흙탕물/가라앉혀/눈감고/눈 맞추면//잔잔히/노을빛 물든/둥근 얼굴/보일걸.'(「점—내 마음」) 창밖의 수런대는 소리에 신경을 곤두세워보지만 선명하지 않은 그 소리 대신 자신의 마음에 집중하기로 한다. 비록 문간방에 누웠으되 불안을 떨치고, 평정심을 찾으면 그럭저럭 살아볼 만한 공간이 되기도 한다.

어라, 쪼그만 녀석 여간내기 아니었네
엉덩이 뺑 내질러도, 허리 작신 밟아도
도무지 쓰러지지 않네,
두 손 들 줄 모르네.

누르면 꼭 그만큼 이 악물고 튀어 올라
가슴속 숨긴 깃발 하늘 높이 흔들다가
다시금 지상에 내려

낮은 곳을 살피네.

마음조차 둥글어서 각진 세상 품은 걸까?
진자리 마른자리 아래로만 길을 찾는
속 텅 빈 고무공 성자,
걸음마저 탱탱하네.
—「고무공 성자」 전문

그 순간 고무공 하나가 눈에 들어온다. 비록 하찮게 사람의 눈에서 벗어나 방치되어 있었지만, 녀석은 그리 만만한 존재가 아니다. '엉덩이 뺑 내질러도, 허리 작신 밟아도/도무지 쓰러지지 않'는 대상에서 자신의 삶을 돌아본다. 어쩌면 이리 살아야 하는 것이라고, '누르면 꼭 그만큼 이 악물고 튀어 올라/가슴속 숨긴 깃발 하늘 높이 흔'드는 공처럼 결코 세상에 지지 않고 좌절하지 않으리라는 다짐을 고무공에게서 배우는 것이다. 그러기에 시인에게 고무공은 단순한 사물이 아닌, '성자'로 인식되는 것이다.

이러한 내면의 소리에 귀를 기울이다 보면 나를 닮은 세상의 모든 것들이 나를 향해 달려든다.

커다란 입 여닫으며
길을 열고 길을 막는
스크린 그 너머로 또 다른 문이 있다.
—「문밖의 문」에서

인터넷 신세계가 손끝에 끌려 나와
손바닥 위에 앉아 온갖 재주 다 부린다
그 속에 들어가려나
넋을 놓은 아이들.

—「박제된 교실 풍경」에서

젖가슴도 말라버린 아프리카 강촌마을
말간 콧물 쏟아내는 여섯 살 큰누이가
가분수 동생을 업고 햇살을 움켜쥔다.
—「지구촌 삽화1—우간다 오누이」에서

문간방에는 소외된 우리 이웃들의 삶이 곳곳에 스며 있다. 스크린도어 수리공인 19살 비정규직 청년의 비극적인 삶(「문밖의 문」)에 애달파하기도 하고, 손에서 스마트폰을 놓지 못하고 인터넷의 세계에 빠져 미래가 걱정되는 아이들(「박제된 교실 풍경」)이거나, 생존 자체가 걱정인 먼 나라 우간다 주민들(「지구촌 삽화1—우간다 오누이」)의 삶도 문간방에 놓여 있다. 그들의 삶이 문간방의 삶처럼 불안하기만 한 현실에 따스한 시선이 머문다.

사랑방(舍)의 환담

낮시간 동안 안방은 보통 집주인의 생활 공간이 아니다. 안주인이 안방에서 지내는 낮에 바깥주인은 건넌방으로 가서 책을 읽거나 손님과 이야기를 나누게 된다. 이처럼 바깥주인이 낮에 주로 머무는 곳을 사랑방이라고 한다. 일반적인 한옥 구조로 볼 때, 대청마루를 사이에 두고 안방과 마주하고 있다.

사랑채로 건너왔지만 주인은 역시 부재중이다. 다른 방보다는 조금 여유로운 마음으로 다리를 뻗고 앉아

찬찬히 방안을 둘러본다. 사랑채에서는 다양한 길들을 만날 수 있다.

텔레비전이 까만 침묵으로 먼지를 뒤집어쓰고 있다. 전원을 켠다. 화면에는 동물의 다큐멘터리가 나온다. '까닭 모를 탄알들이 등 뒤로 따라붙'는지 '알알이 정적에 박힌/하얀 비명, 별빛 같'이 뽀얀 먼지를 일으키는 '누 떼의 이동'(「TV 속의 미로迷路」)을 보면서 잠시 생각에 잠긴다.

> 목젖에 걸리는 게
> 밥알만은 아닌 거다.
> 골목골목 돌아 나온 빌딩풍 한 자락이
> 움츠린 작은 어깨를 토닥이듯 스쳐 간다.
> —「혼밥 골목지대」에서

> 죽살이 갈림길인 듯 비장하게 내달리던
> 환각 같던 장면들이 조명 아래 잠든 시간
> 차선만 직진의 본능 밑줄 긋고 서 있다
> —「새벽, 4번 국도」에서

> 조명조차 졸고 있는 늦은 저녁 전동차 안
> 핸드폰에 꿰인 시선 나란히 줄 맞춰서
> 손놀림 경연을 하듯
> 스마트폰 주무른다.
> —「손가락 모노드라마」에서

현대인들은 고독하다. 그래서 혼밥이니 혼술이니 하는 신조어를 만들어내고, 그것이 현대의 유행 풍조가 되어버렸다. 혼자 먹는 밥은 단지 생계를 위한 수단에 불과한 것이니, 그들의 고독을 더욱 부채질할 뿐이다.

그래서 '목젖에 걸리는 게/밥알만은 아닌 거다.'

골목에서 시작된 길은 다시 국도로, 고속도로로 이어지고 눈에 보이지 않는 사이버 세상으로 이어진다. 인간은 길에서 태어나 길을 걷다가 길에서 죽는다는 말도 있는 것처럼 시인의 시선은 여전히 길에 머물러 있다. 그렇게 먼 길을 돌다가도 결국 주인은 자신이 있는 현재의 공간으로 돌아온다.

> 바람 너울 올라타고
> 도로 위를 나뒹군다.
> 몸 둘 곳 어디일까 내달리다 휘돌다가
> 낄끼리 부둥켜안은 농성장의 그들 같다.
> —「낙엽, 노숙하다」에서

문을 여니 지난 가을에 떨어져 마당을 뒹굴던 낙엽이 마당 구석에 쌓여 노숙하고 있다. 그들의 아우성은 여전히 가을에 머물고 있다. 광장에 몰려든 군중들처럼 아우성치는 낙엽들의 모습에서 다시 새로운 길을 찾아 나선다.

바깥방(景) 문을 두드리며

우리 주택의 구조에서 바깥방이라는 공간은 존재하지 않는다. 그저 안방 이외의 모든 방은 바깥방이 될 뿐이다. 동시에 그것은 시인의 마음이 만들어낸 상상의 공간일 수도 있다. 그런데 그 방으로 들어가는 문은 어느 곳에도 보이지 않는다. 투명한 방, 가상의 공간,

어쩌면 가장 자유로운 상태를 즐길 수 있는 방인 듯하다.

그래서일까, 시인은 그 방안을 여러 계절로 채워놓고 있다.

> 쿵! 놀라
>
> 발치 보니
>
> 연초록 까까머리
>
> 두텁게 각질 덮인
>
> 뒤꿈치 치받는다.
>
> 직진만 프로그램된
>
> 돌격대
>
> 깃발 들고
>
> —「봄」 전문

새봄이 되어 새싹이 돋아나는 모습을 이렇게 표현할 수도 있구나 싶다. 얼마나 치밀한 관찰을 했으면 봄날의 생명력을 이렇게 생동감 있게 표현할 수 있을까. 역시 시인의 기본은 치밀한 관찰력이라는 의견에 공감이 된다. 새싹이 올라오는 순간을 '쿵!'이라고 느끼는 발상부터 기발하다. '두텁게 각질 덮인//뒤꿈치'에 새싹이 올라오는 순간을 감촉하는 것 역시 시인의 예민함을 보여주는 표현이라 하겠다.

온 산야
휘둥그레지게
초록 핏물
퍼붓는다.
—「녹음 왕조」에서

어허, 어허 불붙었다
산도, 들도 내 가슴도
배낭 하나 달랑 메고
신발 끈 고쳐 맨다.
저만큼 시름 떼어 놓고
단풍 대궐 들어선다.
—「명성산 가을 산행」에서

다리 밑동 따스하게
낮빛 고운 낙엽 덮고
잴 수 없는 큰 걸음에
말 아끼며 몸 낮춘다.
차마도 못 떨군 풍상
찬바람에 씻으며.
—「겨울나무」에서

건넌방에서 만나는 사계절의 풍경이 곱다. 새싹이 돋는 봄을 지나, '초록 핏물/퍼붓는' 싱싱한 여름을 거쳐, '산도, 들도 내 가슴도' 불이 붙는 가을을 지나, 찬바람이는 겨울의 풍경까지 어느 하나 곱지 않은 풍경이 없다.

다락방(雜)에 숨겨진 사연들

다락은 한옥의 부엌 위쪽을 천장으로 막아 만든 공간을 가리킨다. 하지만 한옥에서는 이 공간은 사용하지 않았는데 온돌을 설치할 수 없기 때문이라고 한다. 그래서 우리나라에서는 주로 옛날 물건들이나 잡동사니들을 보관하는 용도로 쓰였다. 반면 온돌 문화가 없는 다른 지역에서는 복층 건물이 많고 그러다 보니 자연스럽게 다락방도 활용되었다고 한다.

다락방이라고 하면 두 가지 이미지를 떠올리게 된다. 「빨강 머리 앤」의 밝고 깨끗한 소녀풍의 방과 「소공녀」 세라가 무일푼으로 알려진 후 학교에서 허드렛일을 하며, 하녀 베키와 함께 지내게 되었던 어둡고 으스스한 창고 같은 이미지가 그것이다. 어떤 이는 전자를 떠올리며 다락방에서 사는 것을 낭만적이라고 생각하며 그곳에서의 생활을 꿈꾼다.

하지만 시인의 다락방은 온갖 다양한 사물들로 가득 차 있다. '악보, 문자, 변비증, 졸음, 금연, 하얼빈 역, 벽, 동심원, 숨비소리, 북악제, 말[言], 비'에 이르기까지 다양한 사물들로 가득차 있다. 그래서일까, 제5부의 제목은 '다락방(雜)'이라고 달고 있다.

1. 4분음표(♩)

허겁지겁 가다 보면 넘어지기 십상이다.
오늘 다시 선물 받은 24시간 부둥켜안고
여행 다 마칠 때까지
한 발 한 발 딛는 거다.

2. 도돌이표(:‖)

부글부글 끓어오르면 단풍 물 배어나나?
그래야지, 저래야지 수없이 다짐해도
헤살꾼 바람 한 자락에
다시금 또 흙탕물.

3. 온쉼표(▬)
검붉은 서쪽 하늘 초리 길게 장막 친다.
종종대던 걸음 멈추고 이부자리 펴는 시간
온 건반 하얗게 칠해
새 도화지 들인다.
—「악보 읽기」 전문

악보에 새겨진 다양한 부호들을 읽어내는 시인의 눈이 새롭다. 4분음표는 1박자라고 한다. '허겁지겁 가다 보면 넘어지기 십상'인 하루를 서두르지 않고 정확하고 규칙적이고 여유로운 걸음으로 살아가는 스스로의 삶을 표현하고 있다. '도돌이표'는 어떤 습관을 고쳐보자고 반복되는 다짐에도 불구하고 도로 제자리로 돌아가 버리는 답답함을, '온쉼표'는 하루의 고단함에서 벗어나 편안하게 쉬는 휴식의 시간을 그리고 있다.

이렇듯 하루의 일상을 악보로 여기는 것은 자신의 삶에서 리드미컬함을 추구하는 시인의 생각을 엿볼 수 있을 듯하다.

대문을 나서며

긴 시간 그 집集의 모든 방을 샅샅이 둘러보고 마당으로 내려선다. 아직 계절은 겨울의 깊은 잠에 빠져 있다.

하지만 담장 가에 서 있는 홍매紅梅 봉오리가 봉긋하게 부풀어 올라 있다. 그래서 영국의 시인 셸리는 「서풍부」西風賦, Ode to the west wind에서 겨울이 깊으면 봄도 멀지 않으리라고 했던가. 내가 걸었던 발자국을 지우려는 것일까. 아직도 차운 바람이 섬세하게 마당을 쓸어대고 있다. 돌아보니 주인이 비운 집안을 가득채운 사물과 사연들은 저들끼리 속삭이며 큰 집集을 지키고 있다.

대문을 연다. 역시 삐걱거리면서 열리는 대문은 안과 밖을 전혀 다른 세상으로 나누고 있다. 시선을 멀리 두니, 높고 낮은 빌딩들이 도시의 스카이라인을 형성하고 있다. 도회에서 약간 비켜 앉은 이 한옥은 찾는 이들에게 정갈한 마음을 심어줄 것이다. 그것이 전통 미학의 정신을 계승해 온 시조의 참맛이지 않을까 생각된다. 고윤석 시인이 지은 첫 집集 대문을 나서며 자꾸 돌아본다. ▪